# Noch mehr Basteln mit den Kleinsten

von 2 bis 5 Jahren

urania

Sandra Goldbach

# Noch mehr Basteln mit den Kleinsten

## von 2 bis 5 Jahren

Mit Fotografien von Sabine Münch

# Inhalt

# Vorwort

## Hallo,

willkommen im Bastelland! Ob bunte Schmetterlinge, Sockentiere oder leuchtende Papierblumen: In diesem Buch findest du viele Ideen für dein Zuhause, tolle Geschenkvorschläge und sogar Tipps zum Verschönern deiner Anziehsachen. Neugierig geworden? Dann kann es ja gleich losgehen! Jede Bastelidee ist leicht verständlich erklärt. Erscheint dir ein Arbeitsschritt ein wenig kniffelig, gibt es sicherlich jemanden in deiner Nähe, der helfen kann. Aber vielleicht hast du sowieso Lust, mit anderen zusammen zu basteln? Nur zu, gemeinsam entstehen oft überraschende Dinge und es macht gleich doppelt Spaß. Deine Bastelei sieht ganz anders aus als auf dem Foto? Macht nichts, denn deiner Fantasie sind keine Grenzen gesetzt. Hauptsache, du hast eine schöne Zeit und – am allerwichtigsten – du hast etwas selbst gebastelt. Große Künstler arbeiten an einem Werk oft Wochen, Monate oder Jahre. Also lege alles einfach beiseite, wenn du nicht mehr magst. Morgen ist auch noch ein Tag. Und vielleicht hast du bis dahin wieder eine neue Idee?

## Liebe Eltern, liebe Erzieher,

mit Kindern zu basteln ist eine intensive Erfahrung. Sehr dicht liegen für die Kleinen Erfolg und empfundener Misserfolg beieinander. Hier gilt es, behutsam zu unterstützen, wo es nötig ist. Doch vor allem sollten die Kinder die Gelegenheit haben zu zeigen, wie viel sie schon alleine können. Erste Erfolge sind sehr wichtig – und unvergesslich die strahlenden Kinderaugen bei einem Lob. Für dieses Buch wurden viele Ideen zusammengetragen, die schon die Allerkleinsten umsetzen können. Sicherlich benötigen sie manchmal Unterstützung, aber sie schaffen bereits erstaunlich viel allein. Da die Ausdauer der Kleinen nur sehr gering ist, sollten die Arbeiten durchaus liegen bleiben können, bis es schließlich voll neuer Energie weitergeht. Alle Modelle werden in drei Versionen (ab 2, 3,5 und 5 Jahren) vorgestellt. Natürlich handelt es sich dabei um Richtwerte.

Viel Spaß beim gemeinsamen Basteln, Entdecken und Erleben wünscht
Sandra Goldbach

# Materialien, Werkzeuge, Techniken

## Papier und Karton

Pappe und Papier gibt es in vielen verschiedenen Farben, Formen, Größen und Qualitäten. Am häufigsten wirst du in diesem Buch die Begriffe Tonpapier und Tonkarton finden. Beide sind bunt eingefärbt. Tonkarton ist fester als Tonpapier. Du kannst ihn zum Basteln stabiler Dinge verwenden. Einen Pappkern hat auch Malkarton, er ist allerdings von Leinwand umhüllt. Daneben gibt es die Wellpappe mit ihrer recht unebenen Oberfläche. Sehr zart hingegen ist leichtes Seidenpapier, durchsichtiges Papier heißt Transparentpapier. Man benutzt es beispielsweise für Fensterbilder. Auch ganz kleine Papierstücke kannst du prima verwenden – nämlich als Konfetti. Glanzpapier gibt es gummiert und ungummiert zu kaufen. Gummiertes Glanz- oder auch Buntpapier klebt durch Anfeuchten ohne zusätzlichen Klebstoff. Mit Krepppapier hast du sicher schon gebastelt. Außer Bastelkrepp gibt es noch wasserfesten Floristenkrepp und für Raumdekorationen schwer entflammbaren Krepp. Eine etwas ungewöhnlichere Form von Papier sind Tortendecken. Zu Hause findest du noch mehr Sachen, die sich gut zum Basteln eignen: Schuhkartons, Toiletten- und Küchenpapierrollen ...

## Sonstige Materialien

Man kann mit vielen Dingen basteln und sie verschönern: Holzstücke, Glasflaschen, Styropor, Kunststoffdosen, Wolle, Geschenkbänder, Büroklammern, Schaschlikspieße und vieles mehr. Knetest du gerne? Dann sind Modelliermassen genau richtig für dich. Im Bastelgeschäft findest du verschiedene Sorten. Manche müssen im Backofen fest werden, andere trocknen an der Luft. Möchtest du Filz verwenden, so musst du zwischen dünnem Bastelfilz und dickeren Textilfilzplatten unterscheiden. Vielseitig verwendbar sind Schmuck- und Aluminiumdraht. Sie lassen sich beide von Hand biegen, aber besonders für die Bearbeitung der Enden ist das Verwenden einer Schmuckdrahtzange hilfreich. Schöne Effekte erzielst du mit Perlen, Pailletten, Holzstreu- und Stanzteilen.

## Naturmaterialien

In der Natur gibt es viel zu entdecken – und man kann tolle Dinge aus Blättern, Hölzern, Gewürzen basteln! Achte darauf, dass alle Materialien gut getrocknet sind, bevor du mit ihnen bastelst, da Klebstoff sonst nicht hält. Blüten und Blätter, die du von einem Ausflug mitbringst, kannst du vorsichtig zwischen Zeitungspapier legen. Dann stapelst du schwere Telefonbücher darauf und lässt alles mindestens eine Woche lang liegen. Wenn du die Blätter und Blüten herausnimmst, sind sie ganz glatt gepresst.

## Farben und Pinsel

Bislang wirst du am häufigsten mit Bunt-, Filz- und Wachsmalstiften gemalt haben. Vielleicht auch mit Wasser-, Deck- oder Fingermalfarben. Diese drei Farben sind mit Wasser verdünnbar. Verwendest du hingegen Bastelfarben auf Acrylbasis, musst du den Pinsel sofort auswaschen, sonst wird er hart. Möchtest du auf Glas oder Stoff malen, solltest du Spezialfarben verwenden und sie nach Herstellerangaben fixieren. Spannend ist es, mit Acrylgelen und -pasten

zu malen. Es gibt viele unterschiedliche Sorten.
Den richtigen Pinsel findest du, wenn du dir überlegst, was du malen möchtest: Spitze Pinsel eignen sich gut für feine Bilder, mit breiten Pinseln kannst du besser Flächen anmalen. Für Schablonen gibt es besondere Pinsel mit ganz flacher Spitze. Gut geeignet sind spezielle Kinderpinsel. Wasche alle Pinsel nach dem Malen mit Seife und warmem Wasser gut aus. Natürlich kannst du auch mit den Fingern malen oder mit Korken, Schwämmen, Tüchern und Luftballons stempeln.

## Kleben und Verbinden

Ein Klebestift ist gut für Papier geeignet. Er tropft nicht, das Papier wird nicht feucht, wellt sich also auch nicht. Bastelkleber ist sehr vielseitig einsetzbar und klebt fast alle Materialien aneinander. Verwende immer nur wenig Klebstoff, dann geht es besser. Es gibt auch spezielle Kleber für Schmucksteine, Naturmaterialien, Moosgummi und sogar waschbaren Textilkleber.
Manchmal bietet sich Klebefilm oder doppelseitiges Klebeband für deine Bastelei an.
Beim Laminieren wird ein Papier zwischen zwei Laminierfolien gelegt und in einem Gerät durch eine heiße Rolle miteinander verschweißt. Das solltest du besser mit einem Erwachsenen zusammen machen. Wenn du mehrere kleine Bilder in einer Folie laminierst, kannst du sie nach dem Abkühlen mit der Schere auseinander schneiden. Das Bild muss dabei immer von einem kleinen Folienrand umgeben sein.

## Schneiden

Pappe und Papier lassen sich ganz einfach reißen. Möchtest du eine gerade Kante haben, drückst du ein Lineal auf das Papier und reißt entlang der Kante. Benötigst du eine Schere, so ist eine helfende Hand manchmal unverzichtbar. Kinderbastelscheren haben abgerundete Spitzen, damit du dich nicht verletzt. Für die Kleinsten gibt es besondere Scheren, bei denen sich hinter deinen Grifflöchern noch zwei weitere befinden. So kann dir problemlos geholfen werden.

## Weitere Hilfsmittel

Möchtest du einen Kreis aufmalen, suche einen runden Gegenstand und umfahre den Umriss. Bist du schon etwas größer, kannst du auch einen Zirkel verwenden. Gerade Linien zeichnest du mit Lineal und Bleistift.

## Schablonen

Benötigst du eine Schablone, so male die gewünschte Form einmal auf Papier und schneide sie anschließend aus. Möchtest du die Innenfläche ausschneiden, um sie mit Farbe ausstupfen zu können, solltest du dir helfen lassen. Wird die Schablone mehrmals verwendet, fertigst du sie am besten aus Pappe an.

# Messerbänkchen

**Material**

Aststück, kurze Buntstifte, Salz, Mehl, Wasser, Rührschüssel, Bastel- oder Deckfarbe, Pinsel, dünner Silberdraht, Backpapier

Früher gehörte ein Messerbänkchen zum schön gedeckten Tisch dazu. Aber auch heute noch ist es überaus praktisch, wenn jeder sein Messer und vielleicht auch die Gabel zwischendurch ablegen kann, ohne auf dem ganzen Tisch unübersehbare Spuren zu hinterlassen ...

## Ab 2 Jahren

**1.** Suche dir ein kurzes, etwas dickeres Ästchen. Sollte es zu lang sein, bitte jemanden, es entsprechend zu kürzen. Je nach Länge lassen sich gleich ausreichend viele Stücke zusägen, sodass du für jedes Familienmitglied ein Messerbänkchen basteln kannst.

**2.** Wähle deine Lieblingsfarben aus und bemale die Ästchen.

## Ab 3,5 Jahren

**1.** Als Erstes suchst du drei oder vier kurze Buntstifte pro Messerbänkchen aus.

**2.** Dann nimmst du einen Buntstift und wickelst ein Drahtende mehrmals um den Stift, damit nichts verrutscht.

**3.** Nun hältst du die anderen Buntstifte zusammen mit dem ersten fest. Binde alle Stifte mit dem Draht zusammen. Zum Schluss fädelst du das Drahtende mehrmals um eine der bereits gewickelten Drahtschlingen. So löst sich das Bänkchen nicht in Wohlgefallen auf.

## Ab 5 Jahren

**1.** Für den Salzteig mischst du im Verhältnis 1:1 Salz und Mehl und fügst so viel Wasser hinzu, dass eine geschmeidige Masse entsteht. Knete den Teig gut durch.

**2.** Forme Figuren deiner Wahl. Zusammen mit einem Erwachsenen legst du deine Kunstwerke auf ein Blech mit Backpapier und schaltest den Ofen ein. Je nach Dicke dauert es bei 160 °C in einem Umluftherd 20–45 Minuten, bis der Teig durchgetrocknet ist.

**3.** Nach dem Abkühlen bemalst du die Messerbänkchen in deinen Lieblingsfarben.

# Übertöpfe

## Material

Blumentopf, Konfetti
Moosgummistanzteile
Bastelfilz
Dünner Silberdraht
Tapetenkleister, Pinsel
Ggf. Klarlack, Bastelfarbe
Pinsel, Bastelkleber
Schere, Bleistift
Plastiktüte

Zu viel Grün in eurer Zimmerpflanzenecke? Mit diesen Blumentöpfen sorgst du für fröhliche Farbkleckse! Genauso gut lassen sich deine Werke natürlich verschenken – ganz gleich ob an Tante, Onkel oder Oma ...

## Ab 2 Jahren

**1.** Als Erstes legst du eine große Tüte auf den Tisch, um die Arbeitsfläche zu schützen. Mit Hilfe eines Erwachsenen mischst du etwas Tapetenkleister nach Packungsangabe an.

**2.** Dann bestreichst du dein Töpfchen rundum mit Tapetenkleister. Mit einem breiten Borstenpinsel geht das besonders gut.

**3.** Als Nächstes streust du so viel Konfetti auf die Arbeitsfläche, dass du den Blumentopf darin bequem hin- und herrollen kannst. Mache weiter, bis alles mit Konfetti bedeckt ist. Wenn du magst, kannst du nach dem Trocknen den Topf mit Klarlack bestreichen.

## Ab 3,5 Jahren

**1.** Den Blumentopf bemalst du in einer Farbe, die gut zum Zimmer passt. Besonders schön sieht es aus, wenn du eine ähnliche zweite Farbe in den noch feuchten ersten Farbauftrag malst, so beispielsweise Orange in Gelb oder Grün in Blau.

**2.** Nach dem Trocknen wählst du farblich passende Moosgummistanzteile aus und klebst sie am Rand deines Töpfchens fest.

## Ab 5 Jahren

**1.** Bemale den Blumentopf zunächst komplett mit einer schönen Farbe. Vergiss dabei nicht den inneren Rand.

**2.** Während die Farbe trocknet, schneidest du einen Streifen Filz auf das Maß 5 x 7 cm zurecht. Ein zweiter Streifen in einer anderen Farbe wird 2 x 5 cm groß.

**3.** Nun legst du den kleineren Filzstreifen mittig auf den größeren und fasst beide mit Silberdraht zu einer Schleife zusammen. Dabei sollte ein etwa 20 cm langes Drahtende vorne hängen bleiben. Schneide den Draht auf der anderen Seite nach etwa 150 cm von der Rolle ab.

**4.** Halte die Filzschleife unterhalb des Topfrandes fest und fädle das lange Drahtende durch das Bodenloch. Nun kannst du den Topf von oben nach unten und von unten nach oben umwickeln. Dabei führst du den Draht immer wieder durch das Bodenloch. Achte darauf, den Draht nicht allzu straff anzuziehen, sonst wird es innen zu eng.

**5.** Wenn noch etwa 20 cm übrig sind, schlingst du den Draht wieder einige Male um die Schleife als Befestigung.

**6.** Die vorne herunterhängenden Drahtstücke wickelst du zum Schluss eng um einen Bleistift. Ziehst du diesen heraus, siehst du lustige Spiralen. Wetten, dass du solch einen Blumentopf auf Omas nächstem Wunschzettel findest?

# Naturbilder

### Material

Malkarton
Tonpapier in Grün, Hellblau
Tonkarton oder Pappe
Kornähren
Getrocknete Lorbeerblätter
Gepresste Kleeblätter
Getrocknetes Moos
Getrocknete Flechten
4 Äste, ca. 40 cm lang
Naturkranz, Ø 12 cm
Getrocknete Rosenknospe
Naturbast
Bastel- oder Deckfarbe in Hellblau und Weiß, Pinsel
Kleber für Naturmaterialien
Bastelkleber
Klebestift
Schere

Keine Frage! Bei deinem nächsten Spaziergang findest du jede Menge schöne Blätter, besondere Äste und vieles mehr. Zu Hause kannst du deine Schätze trocknen und anschließend für kleine Kunstwerke verwenden.

### Ab 2 Jahren

1. Einen mit Leinwand überzogenen Malkarton bemalst du in Hellblau. Für die Wolken gibst du ein bisschen Weiß hinein und lässt anschließend alles gut trocknen.

2. Bestreiche nun Kornähren mit flüssigem Bastelkleber. Lege die Ähren auf den Malkarton und drücke sie vorsichtig an. Dann brauchst du ein wenig Geduld, während der Kleber in Ruhe trocknet.

### Ab 3,5 Jahren

1. Du benötigst zunächst ein Blatt blaues und ein Blatt grünes Tonpapier. Beim grünen Papier schneidest du eine geschwungene Oberkante zu, die an eine Landschaft erinnert.

2. Bestreiche die Unterseite des grünen Papiers mit einem Klebestift. Flüssiger Bastelkleber eignet sich hierfür weniger, da das Papier sich wellen könnte. Das grüne Tonpapier klebst du so auf das blaue, dass die unteren Kanten bündig abschließen.

3. Lege nun getrocknete Blätter, trockenes Moos und getrocknete Flechten zurecht. Natürlich kannst du auch andere schöne Dinge verwenden. Bestreiche alle ausgesuchten Materialien mit flüssigem Bastelkleber und klebe sie so auf das Bild, dass eine Landschaft entsteht. Zufrieden? Was hältst du von einem zweiten Bild mit See und Boot?

### Ab 5 Jahren

1. Lege vier Ästchen zu einem Viereck vor dich hin. Die Äste stehen jeweils ein Stück über.

2. An den vier Ecken bindest du die Äste vorsichtig mit Naturbast zusammen. Vielleicht brauchst du ein wenig Hilfe beim Festhalten. Vor dir liegt der Rahmen für dein Bild.

3. Nun legst du in die Mitte des Rahmens einen kleinen Naturkranz und befestigst ihn mit Bast.

4. Klebe von der Rückseite einen entsprechend großen Kartonkreis an. Lasse alles gut trocknen.

5. Zum Schluss knotest du als Aufhängung einen Bastfaden an und klebst eine getrocknete Rosenknospe in die Mitte deines Bildes.

### Tipp

Reichen deine Fundstücke nicht aus, kannst du deine Eltern um ein paar Lorbeerblätter oder Ähnliches aus dem Gewürzschrank bitten. In Bastelgeschäften findest du ebenfalls eine große Auswahl an Naturmaterialien.

# Postkarten

## Material

Blankopostkarten
Kinderschuhkarton
Krepppapier
Tapetenkleister
Wolle
Fingermalfarbe
Buntstifte
Murmel
Bastelkleber

Freust du dich, wenn der Briefträger dir Post bringt? Deinen Freunden geht es übrigens genauso – besonders, wenn sie schöne selbst gebastelte Karten erhalten.

## Ab 2 Jahren

1. Mit Hilfe eines Erwachsenen mischst du etwas Tapetenkleister nach Packungsangaben an. Dann streichst du eine Postkarte mit Tapetenkleister ein.

2. Als Nächstes suchst du einen schönen Wollfaden aus, legst ihn kreuz und quer auf die Karte und drückst ihn fest an.

3. Wenn der Kleister getrocknet ist, bittest du jemanden, die Anschrift deines Freundes ebenso wie deine Adresse als Absender auf die Karte zu schreiben, malst Grüße auf – und ab die Post!

## Ab 3,5 Jahren

1. Als Erstes legst du deine Karte in einen kleinen Schuhkarton. Dann verdünnst du Fingermalfarbe mit etwas Wasser und gibst einen Farbklecks auf die Karte.

2. Nun legst du eine Murmel in den Karton. Diesen bewegst du so, dass die Murmel immer wieder durch die Farbe rollt und die Karte wie von Zauberhand »bemalt«.

3. Danach reinigst du die Murmel kurz mit Wasser, wählst eine zweite Farbe aus – der Spaß beginnt von neuem.

## Ab 5 Jahren

1. Bemale deine Karte komplett mit Buntstiften. Besonders schön wird es, wenn du die Buntstifte schräg auf dem Papier aufsetzt und immer hin und her malst.

2. Aus Krepppapier reißt du kleine Stücke zurecht und formst daraus Kügelchen.

3. Diese Kügelchen klebst du mit Bastelkleber in Spiralform auf die Karte. Weißt du schon, wem du deine Postkarte schicken möchtest?

# Kränzchen

### Material

Styroporkranz, Ø 12 cm
Pappteller, Glanzpapier in einer Farbe, Krepppapier, Stoff
Bastelfilz in zwei Farben
Holzstreuteil »Marienkäfer«
Moosgummistanzteil
Wollfaden, Bastelkleber
Schere

Etwas Deko steht jedem Zimmer gut. Bastle also gleich ein Kränzchen zum Verschenken mit – wer auch immer wird sich darüber freuen!

## Ab 2 Jahren

**1.** Aus Glanzpapier reißt du kleine Schnipsel zurecht und klebst sie auf einen Styroporring.

**2.** Kleine Deko-Marienkäfer kannst du mit Klebstoff am Kranz anbringen. Die Aufhängung knotest du aus einem bunten Wollfaden.

## Ab 3,5 Jahren

**1.** Als Erstes schneidest du aus Stoff einen etwa 4 cm breiten und 1 m langen Streifen zu.

**2.** Ein Streifenende befestigst du mit Klebstoff am Kranz, anschließend umwickelst du den ganzen Ring mit Stoff. Auch das andere Ende klebst du fest und lässt zum Schluss ein Stück Stoffstreifen vorne als Verzierung herunterhängen.

**3.** Jetzt bringst du ein Moosgummistanzteil mit Klebstoff auf der unteren Kranzmitte an. Befestige einen schönen Wollfaden und suche einen geeigneten Platz zum Aufhängen.

## Ab 5 Jahren

**1.** Für diesen Kranz benötigst du einen Pappteller, aus dem du den inneren Kreis herausschneidest. Lass dir beim Anfang ein wenig helfen.

**2.** Nun schneidest du von einer Rolle Krepppapier über die gesamte Länge einen 4 cm breiten Streifen ab. Umwickle damit deinen Kranz ganz und gar. Anfang und Ende kannst du jeweils festkleben.

**3.** Aus Bastelfilz schneidest du schmale Streifen und einen kleinen Kreis zurecht. Klebe sie als Blume auf den Kranz.

**4.** Nun befestigst du einen schönen Wollfaden am Kranz, sodass du ihn gleich aufhängen kannst.

# Bunte Kleider

### Material

Radlerhose, T-Shirt, Sporthose
Korken, Luftballon, Bastelfilz
Stoffmalfarben in verschiedenen Farben und in Perlmutt
Pinsel, Zeichenpapier
Textilkleber, Klebefilm
Schere, Bleistift
Küchenpapier, Pappteller
Bügeleisen

Sich schön anzuziehen macht viel Spaß. Ganz gleich, ob mit Korkendruck, Ballondruck oder mit bunten Filzblüten: Dank deiner fantasievollen Verzierungen werden Kleidungsstücke schnell zu unverwechselbaren »Hinguckern«.

## Ab 2 Jahren

1. Lege eine gewaschene Radlerhose glatt auf den Tisch. Dann schiebst du etwas Küchenpapier in die Hose, damit die Farbe beim Stempeln nicht auf die Rückseite abfärbt.

2. Wähle einige schöne Stoffmalfarben aus und gib einen Klecks von jeder Farbe auf einen Pappteller.

3. Dann tauchst du einen Korken in eine Farbe und stempelst damit lustige Kreise auf die Hose. Tupfe den Korken auf Küchenpapier sauber und suche eine neue Farbe aus.

4. Nachdem die Farbe trocken ist, bittest du jemanden, die Muster durch Bügeln zu fixieren.

## Ab 3,5 Jahren

1. Als Erstes malst du einen Luftballon auf ein Blatt Papier. Bitte jemanden, mit dir zusammen die Innenfläche des Ballons auszuschneiden, damit du eine saubere Schablone erhältst.

2. Dann legst du ein gewaschenes T-Shirt glatt vor dich auf den Tisch. Nun schiebst du ein wenig Küchenpapier hinein, damit die Farbe auf der Rückseite keine Spuren hinterlässt. Auf einen Pappteller gibst du verschiedene Stoffmalfarben.

3. Lege die Schablone auf das T-Shirt und befestige sie mit Klebefilm. Puste einen Luftballon so auf, dass er noch weich ist und sich gut festhalten lässt.

4. Drücke den Luftballon in die Farbe und stemple sie innerhalb der Luftballonschablone auf dein Shirt.

5. Nachdem die Farbe getrocknet ist, kannst du die Schablone entfernen. Sicherlich hilft jemand, dein Motiv durch Bügeln zu fixieren.

## Ab 5 Jahren

1. Lege deine Sporthose glatt auf den Tisch und schiebe etwas Küchenpapier hinein. So verhinderst du, dass die Farbe auf die Rückseite durchschlägt. Mit perlmuttfarbener Stoffmalfarbe malst du Blätter auf deine Hose.

2. Während die Farbe trocknet, schneidest du aus Bastelfilz kleine Blumen aus.

3. Dann lässt du dir beim Fixieren der Farbe mit dem Bügeleisen helfen. Anschließend klebst du mit speziellem Textilkleber die Blumen auf die Hose. Damit der Kleber besser hält, lässt du ihn ebenfalls mit dem Bügeleisen fixieren.

# Badezimmerflaschen

## Material

Glasflaschen
Glassteine
Bunter Dekosand
Bastelfarbe
Schablonierpinsel
Doppelseitiges Klebeband
Tacky Tape
Schere
Unterlage

Badest du gerne? Dann sind diese schönen Flaschen für dich genau richtig. Fülle sie mit Badesalz bzw. Sand oder stecke einige Gräser hinein. Fertig ist eine schöne Badezimmerdekoration!

## Ab 2 Jahren

1. Suche dir schöne Glassteine aus, ganz gleich ob kunterbunt oder Ton in Ton.

2. Dann schneidest du aus doppelseitigem Klebeband passend große Stücke zurecht. Am besten bittest du für diesen Schritt jemanden um Hilfe.

3. Jetzt werden die Glassteine angebracht. Hierfür drückst du die Klebebandstücke fest auf die Glassteine. Entferne nun die Folie auf der anderen Seite, dies ist ein wenig kniffelig. Nun kannst du Stein für Stein auf die Glasflasche kleben.

## Ab 3,5 Jahren

1. Schneide aus Tacky Tape, einem breiten doppelseitigem Klebeband, verschieden große Fische aus. Klebe sie auf die saubere Glasflasche.

2. Gib etwas Dekosand auf eine Unterlage. Ziehe von einem Fisch die Papierrückseite ab und drücke ihn – samt Flasche – in den Sand.

3. Wiederhole den Vorgang mit den anderen Fischen. Je häufiger du die Farbe des Dekosandes wechselst, desto bunter wird deine Aquariumsflasche.

## Ab 5 Jahren

1. Male auf ein Blatt Papier verschiedene Meeresmotive, so beispielsweise Seepferdchen oder Seesterne. Die Innenflächen dieser Figuren schneidest du anschließend so aus, dass du eine Schablone erhältst.

2. Dann befestigst du deine Schablonen mit Klebefilm auf der sauberen Glasflasche.

3. Wähle eine passende Bastelfarbe aus und male die Umrisse der Figuren mit einem Pinsel oder Schwämmchen aus. Besonders schön wird es, wenn du noch eine zweite Farbe auftupfst. Entferne die Schablonen erst, wenn alles trocken ist.

### Tipps

Fülle in deine Flasche am besten nur trockene Inhalte wie beispielsweise Badesalz. Flüssige Badezusätze kleckern oft und die Flasche lässt sich nicht so gut reinigen. Schütte eine Packung Badesalz in eine Schüssel und gib etwas Lebensmittelfarbe hinzu. Gut umrühren – und schon hast du farbiges Badesalz. Soll es auch noch duften, fügst du geeignetes Aromaöl hinzu.

# Teelichtverstecke

## Material

Toilettenpapierrollen
Küchenpapierrolle, Streichholzschachtel, Pappe
Unbeschichtete Pappteller
Tonkarton, Bastelfilz
Geschenkband, Paketschnur
Tüllband, Holzstreuteil, Holzperlen, Vogelsand, kleine Kiesel, getrocknetes Moos
Bastel- oder Deckfarbe, Pinsel
Tapetenkleister, Bastelkleber
Klebefilm, Schere, Zirkel

Findest du auch, dass es mit kleinen Windlichtern zu Hause erst richtig gemütlich wird? Mit deinem neuen Teelichtversteck ist nun endlich für jederzeit ausreichenden Vorrat auf dem Tisch gesorgt.

## Ab 2 Jahren

1. Bemale eine Toilettenpapierrolle in einer Farbe.

2. Dann brauchst du zwei ca. 10 x 15 cm große Rechtecke aus Bastelfilz.

3. Auf die Ränder der bemalten Toilettenpapierrolle trägst du Bastelkleber auf und drückst jeweils ein Filzrechteck mit der langen Seite dagegen.

4. Nachdem der Kleber gut getrocknet ist, bindest du eine Seite mit einem schönen Band zusammen und füllst von der anderen Seite Teelichter ein. Dann verschließt du auch die zweite Seite.

## Ab 3,5 Jahren

1. Bemale eine dicke Pappe, eine Streichholzschachtel und drei Toilettenpapierrollen in der gleichen Farbe.

2. Nach dem Trocknen klebst du die Rollen und die Streichholzschachtel mit Bastelkleber auf der Pappe fest. Zusätzlich sicherst du die Rollen mit ein wenig Klebefilm.

3. Dann schneidest du drei Streifen Tüllband auf etwa 80 cm zu, legst sie auf die obere Öffnung der Rollen und drückst sie samt den Teelichtern hinunter. Der Trick dabei? Bei Bedarf kannst du die Kerzen herausnehmen, indem du einfach das Band an beiden Seiten gleichzeitig herausziehst. Zum Schluss klebst du noch ein Holzstreuteil auf.

## Ab 5 Jahren

1. Bestreiche einen Pappteller mit Tapetenkleister und bedecke ihn mit Vogelsand. Nach dem Trocknen klopfst du überschüssigen Sand ab.

2. In das untere Ende der Küchenrolle schneidest du einen etwa 4 cm hohen Halbkreis in Teelichtbreite. Anschließend schneidest du am selben Ende die Rolle alle 1,5 cm ca. 2 cm weit ein und knickst die Laschen nach außen.

3. Bemale die Rolle und schneide aus Tonkarton einen Kreis von ca. 20 cm Durchmesser zu. Schneide ihn bis zur Mitte ein und klebe ihn zu einem Dach zusammen. Schneide die Dachspitze etwas ab, fädele Paketschnur hindurch, knote an beiden Enden eine Holzperle fest. So bleibt das Dach besser auf dem Leuchtturm sitzen.

4. Schneide zwei unterschiedlich große Pappstücke zu, bemale sie und klebe sie übereinander auf den Pappteller. Klebe darauf den Leuchtturm fest.

5. Dekoriere den Teller mit Trockenmoos und Kieseln. Befülle den Leuchtturm mit Teelichten und setze das Dach auf den Turm.

# Tortendeckenkunst

### Material

Tortendecken in verschiedenen Größen
Pailletten
Krepppapier
Buntstifte
Bastelkleber
Klebestift
Ggf. Wattestäbchen

Du hast ein tolles Bild gemalt, ein neues Foto von dir erhalten oder möchtest schlichtweg ein wenig basteln? Dann benötigst du einen passenden Rahmen. Mit der berühmt-berüchtigten Tortendeckenkunst kommt gleich alles viel besser zur Geltung.

## Ab 2 Jahren

**1.** Es gibt große und kleine Tortendecken mit ganz unterschiedlichen »Spitzenmustern«. Wähle eine Tortendecke, die von der Größe her gut zu deinem Vorhaben passt.

**2.** Jetzt geht es an die schillernde Verzierung. Möchtest du später ein Bild aufkleben, denke daran, dass in der Mitte ausreichend Platz ausgespart bleibt. Wenn du eine Klebeflasche mit feiner Spitze hast, kannst du damit kleine Punkte direkt auf die Tortendecke setzen. Falls nicht, gibst du lieber etwas Klebstoff auf ein Pappstück, tauchst anschließend ein Wattestäbchen hinein und bringst so den Klebstoff auf.

**3.** Jetzt kommt das Schönste: Du kannst dir jede Menge bunter Pailletten aussuchen und auf die Klebepunkte setzen. Wenn du möchtest, platzierst du abschließend ein Bild in der Mitte dieses Spitzenrahmens.

## Ab 3,5 Jahren

**1.** Als Erstes klebst du zwei unterschiedlich große Tortendecken in der Mitte aufeinander. Verwende dazu am besten einen Klebestift, denn mit flüssigem Bastelkleber wird das Papier feucht und fängt an sich zu wellen.

**2.** Aus buntem Krepppapier reißt du anschließend viele Stückchen aus und formst sie zu Kügelchen. Einige dieser Kügelchen klebst du an den Rand des inneren Kreises.

**3.** Nun kannst du mit den weiteren Kügelchen ein Bild in die Mitte kleben, beispielsweise eine Blume. Besonders hübsch sieht es aus, wenn du anschließend das innere Tortendeckchen vorsichtig an den Seiten nach oben kniffst.

## Ab 5 Jahren

**1.** Male die Muster auf dem Rand der Tortendecke mit Buntstift aus.

**2.** Reiße dann aus Krepppapier einige längliche Stücke zurecht. Am besten bereitest du erst einmal nicht allzu viele Stückchen vor, da du am Anfang noch nicht weißt, wie viele du tatsächlich benötigst.

**3.** Beginne mit dem Blumenstängel. Dazu klebst du mehrere Streifen dicht an dicht auf das Tortendeckchen. Danach streichst du nur auf eine Hälfte eines Kreppstreifens etwas Kleber und befestigst ihn als Blatt. Die andere Seite kannst du etwas nach oben kniffen.

**4.** Zum Schluss gestaltest du die Blüte. Auch hier wird immer nur eine Seite des Streifens mit Klebstoff bestrichen. Du beginnst in der Mitte und klebst dann nach und nach so viele Blütenblätter dicht aneinander, bis eine rundum schöne Blume entsteht.

# Bilderklammern

### Material

Holzwäscheklammern
Büroklammern
Holzstreuteile
Aluminiumdraht
Holzperlen
Gefärbte Federn
Schere
Schmuckdrahtzange
Bastelkleber

Hier stellt sich wirklich die Frage, was schöner ist: die Bilder oder die Klammern? Aber letztlich ist das ganz egal, denn zusammen bilden sie ein unschlagbares Team.

## Ab 2 Jahren

**1.** Zunächst suchst du dir ein schönes Holzstreuteil aus. Dann gibst du einen Tropfen Bastelkleber auf eine Holzwäscheklammer und drückst das Holzstreuteil fest auf.
Das war's schon – also mach am besten gleich weiter!

## Ab 3,5 Jahren

**1.** Du benötigst eine etwas größere Büroklammer, eine eingefärbte Feder und eine Holzperle.

**2.** Die Holzperle fädelst du auf die Büroklammer, bis sie an der kurzen Gerade angekommen ist. Damit das einfacher geht, biegst du die Klammer ein wenig auseinander.

**3.** Dann nimmst du eine kleine Feder und schiebst den Kiel in das Loch der Perle. Vielleicht hast du auch farbige Büroklammern, die du für die nächsten Exemplare verwenden kannst?

## Ab 5 Jahren

**1.** Wie du eigenhändig Klammern zurechtbiegen kannst, erfährst du auf der Stelle: Zunächst biegst du etwas Aluminiumdraht direkt von der Rolle zu einem Kreis. Dann biegst du dicht dahinter einen zweiten ebenso großen Kreis.

**2.** Jetzt biegst du den Draht nach oben hin ab. Mit einer Schmuckdrahtzange geht das übrigens leichter. Hast du mit diesem Werkzeug noch keine Erfahrung, bitte jemanden um Hilfe.

**3.** Oberhalb der Klemme formst du ein Muster aus Draht, so beispielsweise ein Herz. Lass dir dabei helfen, den Draht anschließend abzuschneiden und das Ende bei Bedarf noch einmal umzubiegen.

# Kaminholz-Kumpel

## Material

Kaminholzscheite
Bastelfilz, Wolle
Wackelaugen
Filzstift in Schwarz
Bastel- oder Deckfarbe
Pinsel, Bastelkleber, Schere

Ein paar neue Freunde gefällig? Mit diesen fröhlich-frechen Kumpeln bewegst du dich bald in ausgelassener Gesellschaft.

## Ab 2 Jahren

**1.** Als Erstes benötigst du einen 2 cm breiten Filzstreifen. Sicherlich hilft dir jemand, einen Streifen von der Bastelfilzplatte abzuschneiden.

**2.** Dann nimmst du das verbleibende große Filzrechteck zur Hand, bestreichst eine der langen Seiten mit Bastelkleber und drückst sie an die Oberkante eines Holzscheites. Nach dem Trocknen bindest du den Filz mit dem zugeschnittenen Streifen zu einer Mütze zusammen.

**3.** Klebe zwei Wackelaugen auf, male Nase und Mund dazu – und schon siehst du Kumpel Nr. 1.

## Ab 3,5 Jahren

**1.** Für Kumpel Nr. 2 schneidest du von einem Wollknäuel viele Stücke ab, allesamt etwa 15 cm lang. Beim Abmessen und Festhalten der Wollfäden kannst du dir helfen lassen. Zum Schluss bindest du alle Fäden in der Mitte fest zusammen. Vor dir liegen die Haare samt »Mittelscheitel«.

**2.** Mit Pinsel und Farbe malst du ein lustiges Gesicht. Genauso gut kann das Holzmännchen auch überrascht, zornig oder traurig aussehen. Oben auf das Holzscheit klebst du die Wollhaare auf.

**Ab 5 Jahren**

**1.** Für den Piraten wickelst du als Kopftuch ein Stück Bastelfilz um das Holzscheit und klebst die Enden auf der Rückseite fest.

**2.** Aus Filz in verschiedenen Farben kannst du nun Augen, Nase, Mund, Ohren, einen Schnurrbart, Augenbrauen und sogar einen Ohrring zuschneiden. Pupillen lassen sich mit einem Filzstift aufmalen. Dann klebst du das Gesicht auf – und stellst Kumpel Nr. 3 zu Hause vor!

**Tipp**

Aus einem Holzscheit, Filzblättern und Filzblüten kannst du in Windeseile einen schönen Baum gestalten. Oder wie wäre es mit einem Hasen? Lange Lauscher stehen jedem Holzstück gut ...

# Knetplätzchen

### Material

Lufttrocknende Modelliermasse
Ausstechförmchen, Nudelholz oder zylindrisches Glas, Holzperlen in verschiedenen Größen
Schaschlikstab, Geschenkbänder, Zeichenpapier
Bastel- oder Deckfarbe
Pinsel, Bastelkleber, Schere
Bleistift

Formen, Rollen, Kneten – das macht Spaß. Erst recht, wenn dabei so schöne Anhänger entstehen.

## Ab 2 Jahren

**1.** Lege ein faustgroßes Stück Modelliermasse vor dich auf die Arbeitsfläche. Rolle die Masse wie einen Keksteig aus.

**2.** Als Nächstes suchst du dir eine hübsche Ausstechform aus und drückst sie in die ausgerollte Masse. Dann entfernst du Ausstechform und Überstände vorsichtig, sodass nur noch das fertige Knetplätzchen vor dir liegt.

**3.** Mit einem Schaschlikstab bohrst du oben in die Mitte des Knetplätzchens ein Loch. So kannst du es später aufhängen.

**4.** Als Nächstes löst du das Knetplätzchen vorsichtig von der Arbeitsfläche und lässt es nach Herstellerangabe trocknen. Anschließend kannst du es bunt bemalen, ein Band anbringen und aufhängen.

## Ab 3,5 Jahren

**1.** Zunächst rollst du etwas Modelliermasse auf der Arbeitsfläche aus. Mit einem Förmchen stichst du eine Figur aus, so beispielsweise einen Vogel.

**2.** Dann durchstichst du das Knetplätzchen vorsichtig mit einem Schaschlikstab mittig unterhalb der Oberkante. Später kannst du hier ein Band anbringen.

**3.** Als Verzierung drückst du vorsichtig von beiden Seiten kleine Perlen in deine Figur. Bei einem Vogel kannst du sie als Augen verwenden.

**4.** Wenn alles gut getrocknet ist, kannst du deine Form bemalen. Danach bringst du ein buntes Band an – und begibst dich auf die Suche nach einem geeigneten Plätzchen zum Aufhängen.

## Ab 5 Jahren

**1.** Auf einem Blatt Papier malst du zwei Blumen in unterschiedlicher Größe auf. Dann rollst du die Modelliermasse aus, legst die Vorzeichnungen auf und fährst mit einem Pinselstiel vorsichtig die Umrisse ab. Die kleinere Blüte benötigst du zweimal, die größere nur einmal. Dann schneidest du die Blumen mit der Schere direkt aus der Modelliermasse aus und fügst sie so zusammen, dass die größte Blüte sich in der Mitte befindet.

**2.** Die Blätter der kleineren Blüten biegst du ein wenig nach oben. In den Rand der größeren Blüte stichst du mit dem Schaschlikstab ein Loch zum Aufhängen.

**3.** Nachdem die Masse gut getrocknet ist, bemalst du die Blüte. Ein hübsches Band dient als Aufhängung.

### Tipp

Damit die Knetplätzchen trotz ihrer Leichtigkeit gerade herunterhängen, kannst du bunte Holzperlen als Gewicht auffädeln.

# Erinnerungsbilder

## Material

Kurzes Reisigbündel
Ast, Astscheiben
Baumrinde
Federn, Pfauenfeder
Muscheln
Bilderrahmen, Foto
Postkarte
Naturbast
Geschenkband
Klebefilm
Bastelkleber

Muscheln, Federn, Baumrinden: Gibt es etwas Schöneres als Mitbringsel? Aus ihnen bastelst du dein ganz persönliches Erinnerungsbild an den letzten Urlaub, einen gelungenen Ausflug oder einen Waldspaziergang der besonderen Art ...

## Ab 2 Jahren

**1.** Als Erstes legst du ein besonders geformtes Stück Baumrinde vor dich hin.

**2.** Dann wählst du schöne und saubere Federn aus – vielleicht ist ja auch eine Pfauenfeder dabei? Klebe sie auf der Rinde fest, dein Erinnerungsbild ist vollendet.

## Ab 3,5 Jahren

**1.** Hast du schon einmal fotografiert? Oder bewegst du dich lieber vor der Kamera? Wie auch immer es sich verhalten mag, sicherlich gibt es ein schönes Foto von eurem letzten Ausflug. Dieses steckst du in einen Bilderrahmen aus Holz.

**2.** Dann klebst du deine diversen Mitbringsel auf den Rahmen. Wenn du gerne einen Ast verwenden möchtest, kannst du jemanden bitten, ihn in dünne Scheiben zu sägen.

## Ab 5 Jahren

**1.** Auf einen schönen Ast klebst du einige deiner Fundstücke. Wenn du am Meer warst, befinden sich bestimmt auch ein paar ausgefallene Muscheln unter deinen Schätzen, richtig?

**2.** Dann bindest du zwei Stücke Naturbast an den Ast. Die Bastenden befestigst du mit Klebefilm von hinten an deiner Lieblingserinnerungspostkarte.

**3.** Zum Schluss knotest du ein schönes Geschenkband an beiden Astenden fest und hängst das Erinnerungsbild in deinem Zimmer auf.

# Eierwärmer

## Material

Bastelfilz
Textilfilzplatte, 3 mm stark
Federn
Miniwäscheklammern
2 Kindersocken
Pfeifenputzer
Füllwatte
Stickgarn, Sticknadel
Filzstifte
Textilkleber
Schere
Lineal
Bleistift

Ein guter Start in den Tag beginnt mit einem bunten Frühstückstisch. Also frisch ans Werk, damit alles bald fertig ist!

## Ab 2 Jahren

1. Schneide mit jemandem zusammen zwei Stücke der Größe 10 x 20 cm aus Bastelfilz zu. Dann klebst du beide Rechtecke an den langen Seiten aufeinander.

2. Rolle nun das obere Ende schräg nach unten auf und klebe es ebenfalls fest.

3. Mit einer Miniklammer befestigst du ein paar bunte Federn an der Oberkante. Da wird selbst das hochmütigste Huhn neidisch ...

## Ab 3,5 Jahren

1. Als Erstes nimmst du eine Socke und stopfst sie mit etwas Füllwatte aus. Dann steckst du eine zweite Socke hinein und krempelst die untere Kante nach außen um.

2. Mit Filzstift malst du ein lustiges Gesicht auf.

3. Wenn du magst, kannst du das Sockentier zusätzlich mit Flügeln, Schnabel und einem Hahnenkamm aus Bastelfilz schmücken. Oder du bindest das obere Ende mit einem bunten Pfeifenputzer ab.

## Ab 5 Jahren

**1.** Schneide aus Textilfilz einen Streifen mit den Maßen 8 x 14 cm zu. Lasse dir beim Abmessen helfen.

**2.** Dann klappst du das Filzstück in der Mitte zusammen, sodass es nur noch halb so groß ist. Durch das Nadelöhr fädelst du etwas Stickgarn, dabei nimmst du den Faden doppelt und verknotest das Ende. Nähe mit einfachen Stichen die offenen Seiten zusammen.

**3.** Als Nächstes zeichnest du mit Bleistift auf grünen Filz einen Stängel mit Blättern und auf ein Filzstück in deiner Lieblingsfarbe eine Tulpenblüte. Schneide beide Formen aus.

**4.** Zum Schluss klebst du Stängel und Blüte schräg auf den Eierwärmer.

# Papierblumen

## Material

Krepppapier
Schaschlikstab
Pfeifenputzer in Grün
Holzperlen
Bastelkleber
Klebefilm
Schere

Mit Blumen kommt gute Laune ins Haus. Diese sind besonders pflegeleicht, langlebig und unverwüstlich kunterbunt.

## Ab 2 Jahren

1. Schneide oder reiße unterschiedlich große Stücke aus buntem Krepppapier zurecht.

2. Dann spießt du die Papierstücke mittig auf ein Schaschlikstäbchen.

3. Zum Schluss steckst du eine schöne Holzperle oben auf die Spitze.

## Ab 3,5 Jahren

1. Aus Krepppapier in unterschiedlichen Farben schneidest du zwei Streifen zu. Sie sollten etwa 30 cm lang und 7 cm breit sein.

2. Lege die Streifen aufeinander und fasse sie an einer der beiden langen Seiten zusammen, sodass eine Blüte entsteht.

3. Den unteren Teil der Blüte umwickelst du fest mit einem grünen Pfeifenputzer. Ein zweites Paar Hände ist hierbei hilfreich.

4. Dann knickst du den Pfeifenputzer zu einem Stängel ab und formst noch ein Blütenblatt. Sollte dir der Stängel zu wackelig erscheinen, kannst du einen Schaschlikstab mit dem Pfeifenputzer umwickeln.

## Ab 5 Jahren

1. Über die gesamte Breite der Krepppapierrolle schneidest du einen etwa 20 cm breiten Streifen Krepppapier zu. Falte den Streifen längs in der Mitte. Halte das offene Ende fest und schneide mit der Schere die geschlossene Seite etwa alle 1,5 cm ein.

2. Dann wickelst du den Kreppstreifen mit der offenen Seite so fest du kannst um einen Schaschlikstab. Das Ende klebst du mit Bastelkleber und zusätzlich etwas Klebefilm fest.

3. Über die gesamte Länge der Krepppapierrolle schneidest du einen etwa 1 cm breiten Streifen ab. Klebe den Anfang des Streifens unterhalb der Blüte an. Dann umwickelst du den Schaschlikstab fest mit dem Krepppapierstreifen. Das Ende klebst du ebenfalls fest und schneidest überschüssiges Krepppapier ab.

# Maskerade

### Material

Tonkarton, Tonpapier, Prickelnadel und Unterlage, Hutgummi Pailletten, Federn, Buntstifte Filzstifte, Bastelkleber, Schere Bleistift

Verstecken und Verkleiden macht viel Spaß, doch noch besser ist beides zusammen. Wer verbirgt sich hinter welcher Maske?

## Ab 2 Jahren

**1.** Aus Tonpapier reißt du kleine Stücke zurecht. Diese klebst du zu einer Maske aneinander. Die Form erinnert an eine Brezel; wichtig ist, dass zwei Löcher für die Augen frei bleiben.

**2.** Anschließend kannst du mit Hutgummi den Umfang deines Kopfes abmessen. Lasse dir dabei helfen, wenn du rechts und links in die Maske jeweils ein kleines Loch bohrst. Dann fädelst du den Hutgummi hindurch und verknotest die Enden.

## Ab 3,5 Jahren

**1.** Auf Tonkarton in deiner Lieblingsfarbe zeichnest du eine geschwungene Maske. Dabei kannst du ruhig um ein wenig Unterstützung bitten.

**2.** Als Nächstes legst du den Tonkarton auf eine Unterlage, beispielsweise aus Filz, und stichst die Maske samt Augenlöchern mit einer Prickelnadel aus dem Karton. So entsteht der ausgefranste Rand.

**3.** Nun geht es an die Verzierungen: Auf den oberen Rand ebenso wie auf den Nasensteg setzt du kleine Klebstofftropfen und bringst bunt schillernde Pailletten an.

**4.** Dann stichst du mit der Prickelnadel an jeder Seite ein Loch in die Maske. Fädle nun ein Hutgummiband in der Länge deines Kopfumfanges hindurch und knote es fest.

## Ab 5 Jahren

**1.** Mit Bleistift zeichnest du eine Maske auf Tonkarton vor und schneidest sie aus.

**2.** Bemale die Maske und verziere sie mit bunten Federn.

**3.** Rechts und links stichst du jeweils ein kleines Loch in die Maske. Nun nimmst du ein Hutgummiband, legst es um deinen Kopf, schneidest es ab und knotest es fest – das Maskenspiel kann beginnen.

# Schatzkästchen

## Material

Holzkästchen, leere Cremedose
Pappschachtel mit Deckel
Glitzerndes Geschenkband
Goldkordel, Schmucksteine
Filz in Weiß, Filzstift in Schwarz
Bastel- oder Deckfarbe in Rot,
Gold, Pinsel, Zeichenpapier
Klebefilm, Schmucksteinkleber
Bastelkleber, Schere, Bleistift
Lineal

Ganz gleich, was sich in diesen Schatzkästchen alles verbergen mag: Von außen sehen sie wahrhaft königlich aus!

## Ab 2 Jahren

**1.** Als Erstes bemalst du eine Pappschachtel in Gold.

**2.** Während die Farbe trocknet, kannst du ein schönes Geschenkband auswählen. Dann bestreichst du den Rand der Schachtel mit Bastelkleber und drückst das Geschenkband an.

## Ab 3,5 Jahren

**1.** Zunächst einmal suchst du glitzernde Schmucksteine in den schönsten Farben aus. Diese klebst du mit einem kleinen Tropfen Schmucksteinkleber auf einer leeren Cremedose fest.

**2.** Dann streichst du den Deckelrand mit Bastelkleber ein und bringst ringsum eine Goldkordel an. Diese solltest du fest andrücken.

**3.** Wenn der Bastelkleber ganz trocken ist, kannst du vorsichtig die beiden Enden der Goldkordel zu einem Doppelknoten verschlingen.

## Ab 5 Jahren

**1.** Bemale ein Holzkästchen innen und außen mit leuchtend roter Farbe.

2. Auf ein Blatt Papier zeichnest du eine Krone auf. Dann schneidest du die Innenfläche aus, sodass eine Schablone entsteht.

3. Die Schablone befestigst du mit Klebefilm auf dem Holzkästchen. Dann malst du die Krone in Gold aus.

4. Während die Farbe trocknet, schneidest du aus weißem Bastelfilz Streifen zu, die genau um den Deckelrand passen.
Mit schwarzem Filzstift malst du Flecken auf die Streifen, sodass sie an einen königlichen Pelzkragen erinnern.

5. Zum Schluss klebst du die Filzstreifen mit Bastelkleber auf.

# Untersetzer

### Material

Tonpapier
Buntpapier
Geschenkpapier
Ggf. Laminiergerät
Ggf. Laminierfolien
Klebestift
Schere, Zirkel, Lineal

Wenn Freunde zu Besuch kommen, bietest du ihnen sicherlich etwas zu trinken an. Dank deiner neuen Untersetzer gibt es von nun an keine Kleckerränder mehr auf dem Tisch. Das Beste daran? Deine Eltern werden es dir danken …

## Ab 2 Jahren

**1.** Schneide eine Form aus Tonpapier zurecht. Sie sollte so groß sein, dass ein Glas darauf passt. Möchtest du ein Quadrat zuschneiden, kannst du dir helfen lassen.

**2.** Dann reißt du aus Ton- oder Buntpapier kleine Schnipsel aus. Klebe sie auf die Grundform.

**3.** Am besten fertigst du gleich mehrere Untersetzer für die ganze Familie an. Lege sie so in die Laminierfolie, dass sie ringsum etwa 1 cm von Folie umschlossen werden. Lass dir beim Laminieren von jemandem helfen. Nach dem Abkühlen schneidet ihr die Untersetzer gemeinsam aus.

## Ab 3,5 Jahren

**1.** Wähle ein hübsches Geschenkpapiermotiv und schneide es aus.

**2.** Als Nächstes schneidest du aus farblich passendem Tonpapier eine Grundform zu. Sie sollte etwas größer als der Boden eines Glases sein. Klebe dein Geschenkpapierbild auf.

**3.** Nachdem du mehrere Untersetzer vorbereitet hast, legst du sie zwischen die Laminierfolie, sodass sich um jedes Bild ein etwa 1 cm breiter Folienrand befindet. Lass dir beim Laminieren helfen. Nach dem Abkühlen schneidest du die Untersetzer aus. Achte auf ausreichenden Abstand zum Tonpapier.

## Ab 5 Jahren

**1.** Zunächst schneidest du einen Kreis, ein Dreieck oder ein Quadrat als Grundform aus Tonpapier aus. Sie muss größer als ein Glasboden sein. Nimm dazu einen Zirkel, ein Lineal oder einfach einen Blumentopf zu Hilfe.

**2.** Schneide aus buntem Tonpapier Streifen von etwa 1 cm Breite zu und zerschnipsle sie anschließend in kleine Quadrate. Klebe sie wie ein Mosaik auf dein Tonpapier.

**3.** Schiebe mehrere Modelle zwischen die beiden Laminierfolien, sodass etwa 1 cm um jedes Bild frei bleibt. Lass dir beim Laminieren helfen.

**4.** Nach dem Abkühlen schneidest du deine neuen Untersetzer aus. Achte darauf, dass überall noch ein Folienrand ringsum stehen bleibt.

### Tipp

Steht dir zu Hause kein Laminiergerät zur Verfügung, kannst du deine Werke im nächsten Copyshop laminieren lassen.
Mit laminierten Papieren lässt sich übrigens noch vieles mehr basteln – von bunten Mobileanhängern über Türschilder, Tischsets oder Schlüsselanhänger bis hin zu wetterfesten Schatzkarten für die nächste Schnitzeljagd.

# Partyhüte

## Material

Pappteller
Regenbogenwellpappe
Tonkarton
Tortendecke, Ø 18 cm
Luftschlangen, Wolle, Hutgummi
Prickelnadel, Tacker
Bastel- oder Deckfarbe
Pinsel, Bastelkleber
Doppelseitiges Klebeband
Schere, Lineal, Bleistift, Zirkel

Partytime – oder: Ohne Kopfbedeckung hat hier keiner eine Chance! Mit solch lustigen Hüten wird jedes Fest ein Riesenspaß.

### Ab 2 Jahren

**1.** Als Erstes schneidest du einen Pappteller vom Rand bis zur Mitte gerade ein. Dann klebst du ihn etwas versetzt zu einem Hut zusammen. Mit Bastelkleber ist dies manchmal etwas schwierig, lass dir deshalb mit doppelseitigem Klebeband oder einem Tacker helfen.

**2.** Bemale den Hut in bunten Farben. Dann stichst du an zwei gegenüberliegenden Seiten mit der Prickelnadel ein Loch in die Pappe und fädelst ein Gummiband hindurch, sodass der Hut auch beim Toben fest auf deinem Kopf sitzt.

### Ab 3,5 Jahren

**1.** Aus Tonkarton schneidest du einen Dreiviertelkreis mit einem Durchmesser von 30 cm aus. Du kannst entweder einen runden Gegenstand oder – mit etwas Unterstützung – einen Zirkel verwenden.

**2.** Als Nächstes klebst du den Tonkarton mit doppelseitigem Klebeband oder Bastelkleber zu einem spitzen Hütchen zusammen. Mit der Prickelnadel stichst du zwei gegenüberliegende Löchlein in den unteren Rand. Befestige daran ein Hutgummiband.

**3.** Zu guter Letzt setzt du kleine Tropfen Bastelkleber auf den Hut und klebst daran eine wild verschlungene Luftschlange fest.

## Ab 5 Jahren

**1.** Aus Regenbogenwellpappe schneidest du ein Rechteck mit den Maßen 25 x 14 cm zu und klebst sie zu einer Röhre zusammen. Den oberen Rand schneidest du in geringen Abständen jeweils um 1 cm ein. Die entstandenen Laschen biegst du anschließend nach außen. So kannst du den Deckel leichter aufkleben.

**2.** Als Nächstes gibst du einen Tropfen Klebstoff auf jede Lasche und bringst eine Tortendecke als Deckel an. Dabei kannst du eine Seite etwas nach oben kleben, um das Hütchen noch kecker erscheinen zu lassen.

**3.** Anschließend setzt du eine kreisrunde Klebelinie auf die Oberseite der Tortendecke und legst eine bunte Wollschnur auf.

**4.** Nach dem Trocknen kannst du die Wollenden zu einem Knoten oder einer Schleife binden. Jetzt fehlt noch ein Gummiband als Befestigung – und die Hutparty kann starten.

# Teelichthalter

## Material

Bierdeckel
Holzscheibe
Salz
Mehl
Wasser
Teelichter
Gummiertes Glanzpapier
Trockenerbsen
Zimtstange
Wacholderbeeren
Kümmel
Nelken
Bastelkleber

Teelichthalter ist nicht gleich Teelichthalter, wie dieses Trio unübersehbar beweist. Allerdings lassen sie sich allesamt im Handumdrehen basteln, sodass es sich lohnt, gleich mehrere auf einen Streich anzufertigen. Und erstrahlt dein Zuhause erst einmal im neuen Glanz, kannst du dich gemütlich zurücklehnen.

## Ab 2 Jahren

**1.** Als Grundplatte beklebst du einen Bierdeckel mit kleinen Schnipseln Glanzpapier. Du brauchst die Papierstücke nur leicht anzufeuchten, dann kleben sie von allein.

**2.** Anschließend befestigst du mit etwas Bastelkleber ein Teelicht in der Mitte – schon hast du dein Werk vollendet.

## Ab 3,5 Jahren

**1.** In die Mitte einer Holzscheibe klebst du mit etwas Bastelkleber ein Teelicht auf.

**2.** Dann dekorierst du die Holzscheibe mit aufgeklebten Zimtstangen, Nelken, Wacholderbeeren und Kümmelkörnern.

## Ab 5 Jahren

**1.** Als Erstes stellst du einen Salzteig her. Hierfür mischst du zu gleichen Teilen Salz und Mehl. Dann gibst du nach und nach Wasser hinzu, bis nach gründlichem Kneten eine geschmeidige Masse entsteht.

**2.** Aus dem Salzteig formst du eine Kugel und drückst sie flach. In die Mitte setzt du die Metallhülle eines Teelichts ohne Kerze, in den Rand drückst du Trockenerbsen als Verzierung ein.

**3.** Dein Teelichthalter muss bei 160 °C etwa 35 Minuten lang im Ofen backen. Nach dem Abkühlen kannst du die Kerze einsetzen.

# Papierschnipseleien

**Material**

Tischpapier, Tonpapier
Ungummiertes Glanzpapier
Wasserfarben, Pinsel, Schere

Ob als Tischdecke, kleine Untersetzer oder als Fensterbild – diese Papierschnipseleien sorgen nicht nur für jede Menge Spaß, sondern auch für ein schönes, schnelles und vielseitiges Ergebnis.

## Ab 2 Jahren

**1.** Falte ein Blatt Tonpapier erst Ecke auf Ecke, dann ein weiteres Mal auf dieselbe Weise und schließlich einmal schräg über die gesamte Fläche.

**2.** Anschließend lässt du dir dabei helfen, mit der Schere kleine Schnipsel aus dem Papier herauszuschneiden. Jetzt kannst du das Papier auseinander falten und über das tolle Muster staunen.

## Ab 3,5 Jahren

**1.** Von einer Rolle Tischpapier schneidest du ein quadratisches Stück ab. Falte dies zunächst Ecke auf Ecke, wiederhole das Ganze ein weiteres Mal und falze dann das Papier schräg von der geschlossenen zur offenen Spitze hin. Wenn du magst, kannst du den letzten Schritt noch einmal wiederholen.

**2.** Mit etwas Unterstützung lassen sich nun mit der Schere verschiedene Muster aus den gefalteten Seiten ausschneiden.

**3.** Falte das Papier auseinander und bemale die Tischdecke mit Wasserfarben.

## Ab 5 Jahren

**1.** Schneide aus Glanzpapier kleine Quadrate zu. Möchtest du Schneeflocken basteln, so wählst du weißes Papier, im Sommer vielleicht ein sonniges Gelb.

**2.** Jetzt faltest du das Papier, indem du eine Ecke auf die andere legst und diesen Schritt ein zweites Mal wiederholst. Zum Schluss wird das Papier noch einmal schräg von der geschlossenen Spitze an über die Diagonale gefalzt.

**3.** Mit der Schere schneidest du kleine Muster in die Ränder. Nach dem Auseinanderfalten kannst du die Bilder mit Klebefilm am Fenster oder als Mobile mit einem Faden an einem Ast aufhängen.

# Glasbilder

## Material

Gebohrte Glasscheiben, Ø 60 mm
Glassteine, Strasssteine
Dekostreu »Luftballon«
Geschenkband, Acrylfarben
Fadengel (Acryl), Strukturpasten
(Acryl), Bastelkleber, Pinsel

Zart wie schillernde Seifenblasen schweben deine neuesten Bilder im Raum. Kein Wunder, denn sie bestehen ganz und gar aus Glas ...

## Ab 2 Jahren

**1.** Wähle einige Strukturpasten aus und male oder tupfe sie auf eine Glasscheibe. Dann lässt du die Pasten trocknen und bindest ein schönes Geschenkband an.

**2.** Ebenso gut kannst du dir schöne Strasssteine aussuchen und diese mit einem Tropfen Klebstoff auf einer Glasscheibe anbringen.

## Ab 3,5 Jahren

**1.** Mit einem feinen Pinsel malst du bunte Linien auf die Glasplatte. Wenn sie trocken sind, klebst du Dekostreu-Luftballons direkt an die aufgemalten Linien. Siehst du, wie die Luftballons in den Himmel steigen?

**2.** Für ein zweites Bild klebst du einen schillernden Glasstein in die Mitte einer Glasscheibe.

**3.** Als Nächstes nimmst du reichlich zähflüssiges Fadengel mit einem Pinsel auf und ziehst damit Linien. Nachdem du den Pinsel gereinigt hast, kannst du mit Acrylfarbe kleine Punkte in das feuchte Gel malen. Das Gel ist trocken, wenn es ganz durchsichtig ist.

## Ab 5 Jahren

**1.** Wähle Acrylfarben in deinen Lieblingsfarben und einen feinen Pinsel aus.

**2.** Male nun Blumen, einen Fisch oder was immer dir gefällt auf die Glasscheiben.

**3.** Wenn du möchtest, ergänzt du glitzernde Strukturpaste oder bemalst die Rückseite genauso wie die Vorderseite.

### Tipp

Bemale dein Glasbild zunächst nur von einer Seite und betrachte es dann sowohl von vorne als auch von hinten. Manchmal gefällt einem die Rückseite besser als die Vorderseite.

# Servietten-körbchen

## Material

Schuhkarton
Tonkarton
Filzstifte
Bastel- oder Deckfarbe
Pinsel
Bastelkleber
Schere
Bleistift
Lineal

Beim Essen ist es manchmal um den Mund herum etwas klebrig – besonders bei leckeren Sachen. Ein Glück, dass in deinem Serivettenkörbchen erste Hilfe allzeit bereitliegt.

### Ab 2 Jahren

**1.** Schneide einen Schuhkarton auf das Format einer Serviette zurecht. Bei diesem Arbeitsschritt solltest du jemanden um Hilfe bitten.

**2.** Nun bemalst du den gesamten Karton in deiner Lieblingsfarbe. Wenn du magst, kannst du danach noch eine weitere Farbe aufmalen.

### Ab 3,5 Jahren

**1.** Lege eine Papierserviette in einen Schuhkarton und zeichne mit einem Bleistift die Größe an. Schneide den Karton entlang der Linie ab.

**2.** Anschließend bemalst du ihn in einer schönen, hellen Farbe und lässt ihn trocknen.

**3.** Dann verzierst du die Außenseiten mit weiteren Bastelfarben. Male Spiralen, Tupfen, Punkte und was dir sonst noch einfällt auf.

### Ab 5 Jahren

**1.** Schneide einen Bogen Tonkarton auf die Größe 25,5 x 21 cm zu. Zeichne an einer der kürzeren Seiten eine Linie mit 4,5 cm Abstand zum Rand ein. Zeichne an beiden Längsseiten jeweils

eine Linie im Abstand von 4,5 cm zur Außenkante ein. Dies sind deine Falzlinien.

**2.** Lege den Tonkarton senkrecht vor dich hin, d. h. die langen Seiten befinden sich rechts und links. Achte dabei darauf, dass sich die Falzlinie an der kurzen Seite unten befindet. Schneide nun entlang den senkrechten Linien rechts und links ein Stück ein, bis du die waagerechte Linie triffst. Falze alle Seiten entlang den Linien nach innen um, sodass ein offenes Kästchen entsteht.

**3.** Falze die längeren Enden nochmals nach innen um. Streiche außen etwas Bastelkleber auf und drücke die kürzere Kante dagegen. Der Kleber sollte schon recht trocken sein, bevor du loslässt.

**Tipp**
Bemale einen schönen Stein und lege ihn zum Beschweren auf die Papierservietten.

# Bilderleinen

## Material

Pfeifenputzer, Tonkarton
Geschenkband, Wolle, Holzringe, Ø 5,5 cm, Krepppapier
Miniwäscheklammern
Bastelkleber, Klebefilm
Schere, Bleistift

Ganz sicher ist es viel zu schade, deine Bilder in einer geschlossenen Sammelmappe verschwinden zu lassen. Zeige sie allen und hänge sie an deine neue Bilderleine!

## Ab 2 Jahren

**1.** Als Erstes verbindest du mehrere Pfeifenputzer durch Verdrehen der Enden fest miteinander.

**2.** Die Enden biegst du zu Kreisen und verschlingst sie fest. Wenn du möchtest, kannst du aus deiner langen Schlange eine Wellenlinie formen. Die Bilderleine lässt sich senkrecht wie auch waagerecht aufhängen.

## Ab 3,5 Jahren

**1.** Mit Bleistift malst du sechs Blütenblätter auf Tonkarton und schneidest sie aus. Sie sollten je etwa 10 cm lang und an der breitesten Stelle 8 cm breit sein.

**2.** Außerdem schneidest du einen Kreis von etwa 10 cm Durchmesser aus. Die Blütenblätter klebst du von hinten an den Kreis, sodass eine Blüte entsteht.

**3.** Wähle nun ein schönes Geschenkband aus. Es sollte etwa 1,50 m lang sein. Dieses befestigst du auf der Rückseite der Blüte mit Klebefilm. Das obere Ende kannst du gleich zu einer kleinen Schlaufe legen und zum Aufhängen benutzen.

## Ab 5 Jahren

**1.** Schneide neun etwa 100 cm lange Wollbänder zu. Ist die Wolle nicht allzu dick, solltest du die doppelte Menge nehmen.

**2.** Knote drei (bzw. sechs) Fäden zusammen und verflechte sie miteinander. Dazu kreuzt du zuerst den linken Faden über den mittleren, dann den rechten über den mittleren und wiederum den linken über den mittleren Faden. So geht es immer abwechselnd bis ans Ende der Wollfäden. Sichere dein geflochtenes Band mit einem Knoten.

**3.** An zwei Flechtbändern bringst du jeweils einen Holzring an. Dies sind die Aufhängungen. Das dritte Band knüpfst du als Bilderleine zwischen die Holzringe. Du kannst bei Bedarf noch weitere Bänder flechten und mit diesen die Bilderleine nach Belieben verlängern.

**4.** Zum Schluss dekorierst du die Holzringe mit einigen schmalen Bändern aus Krepppapier.

**Tipp**
Wie du schöne Klammern zum Aufhängen deiner Bilder basteln kannst, erfährst du auf Seite 28.

# Persönliche Stifte

## Material

Moosgummi
Moosgummistanzteil
Feder
Aluminiumdraht, 20 cm lang
Halbperlen
Wasserfeste Filzstifte
Glitzerstift
Bastelkleber
Ggf. Moosgummikleber
Schere, Bleistift

Wenn du gerne malst, besitzt du sicherlich einen Lieblingsstift. Diesen kannst du mit Moosgummi hübsch verzieren. So weiß jeder, dass er dir gehört.

## Ab 2 Jahren

**1.** Suche dir ein Moosgummistanzteil aus, das gut zu deinem Stift passt, beispielsweise einen Schmetterling.

**2.** Dieses Stanzteil klebst du an den Stift. Du kannst Bastelkleber oder einen speziellen Klebstoff für Moosgummi verwenden.

**3.** Mit etwas Glitzer lässt sich dein Stift zusätzlich verzieren. Ist alles gut getrocknet? Dann viel Spaß beim Malen!

## Ab 3,5 Jahren

**1.** Mit Bleistift zeichnest du eine Blume auf Moosgummi vor und schneidest sie aus.

**2.** Auf die Blütenblätter klebst du glänzende Halbperlen. Wenn du möchtest, kannst du zusätzlich ein Bild von dir in der Blütenmitte anbringen.

**3.** Nachdem alles getrocknet ist, klebst du die Blume an deinem Stift fest.

## Ab 5 Jahren

**1.** Schneide aus Moosgummi einen Kopf aus. Am besten zeichnest du ihn mit Bleistift vor.

**2.** Bemale den Kopf mit einem Filzstift, der nicht verwischt.

**3.** Dann nimmst du ein etwa 20 cm langes Stück Aluminiumdraht und stichst dieses oben und unten durch den Kopf. Dabei soll der Draht hinter dem Kopf liegen und oben etwa 2 cm überstehen.

**4.** Das obere Drahtstück biegst du fest zusammen und klemmst dabei eine Feder ein. Der Kopf lässt sich befestigen, indem du das lange Drahtende um den Stift wickelst.

# Gläsermerker

## Material

Lufttrocknende Modelliermasse
Holzperlen, Dekoperlen
Pailletten, Aluminiumdraht
Schaschlikstab, Bastel- oder Deckfarbe, Pinsel
Dünner Silberdraht, Schere

Gläser über Gläser – wie sollst du da noch wissen, welches dir gehört? Alles kein Problem dank bunter Gläsermerker, die stets für den richtigen Überblick sorgen.

## Ab 2 Jahren

1. Du benötigst ein Stück Silberdraht, das etwa so lang wie deine Hand ist. Beim Abschneiden lässt du dir helfen.

2. Ein Drahtende biegst du zu einer kleinen Schlaufe. Jetzt kannst du bunte Holzperlen auffädeln.

3. Aus dem mit Perlen versehenen Drahtstück formst du einen kleinen Ring. Das lange Drahtende fädelst du durch die zuvor gebogene Schlaufe.

4. Aus dem überstehenden Drahtende formst du einen Haken, sodass sich dein Gläsermerker anschließend einhängen lässt.

## Ab 3,5 Jahren

1. Aus lufttrocknender Modelliermasse rollst du als Erstes eine Kugel, die etwas kleiner als ein Teelicht sein sollte.

2. Für die Bohrung schiebst du vorsichtig einen Schaschlikstab durch die Kugelmitte, solange die Masse noch nicht fest ist. Achte darauf, dass die Bohrung nicht allzu schief wird. Dann lässt du die Kugel nach Herstellerangabe trocknen.

3. Anschließend kannst du die Kugel in deiner Lieblingsfarbe bemalen. Für deine Freunde verwendest du jeweils eine andere Farbe.

4. Als Nächstes benötigst du ein Stück Aluminiumdraht, das etwa so lang wie deine Hand ist. Ein Drahtende formst du zu einer Schlaufe.

5. Zum Schluss ziehst du die Perle auf und biegst das obere Drahtende zu einem Haken um.

## Ab 5 Jahren

1. Zunächst schlingst du in ein etwa handlanges Stück Silberdraht eine kleine Öse. Dann fädelst du immer abwechselnd eine Dekoperle und eine Paillette auf.

2. Hast du den Draht gut bestückt, schließt du ihn zu einem Kreis. Dazu schiebst du das Drahtende durch die kleine Öse und umwickelst sie anschließend. Drahtreste kannst du einfach abschneiden.

3. Nun formst du den Perlendraht zu einer Blume, einem Viereck oder zu einer anderen Figur deiner Wahl.

4. Zusätzlich benötigst du ein etwa fingerlanges Stück Aluminiumdraht. Ein Ende formst du zu einem kleinen Haken, legst deine Perlenfigur hinein und drückst die Schlaufe zu.

5. Dann formst du am anderen Ende einen offenen Haken, um den Gläsermerker einhängen zu können.

### Tipp

Deinen Gläsermerker kannst du bequem in die Hosentasche stecken und zur nächsten Party mitnehmen. Vielleicht bringst du deinen Freunden auch gleich welche mit? Sie sollten alle unterschiedlich aussehen.

# Schmetterlinge

### Material

Bastelfilz, Textilfilzplatte 3 mm stark, Seidenpapier Pfeifenputzer, Dünner Silberdraht, Holzperlen, Schere Bastelkleber, Bleistift

Sind Frühling und Sommer auch deine liebsten Jahreszeiten? Dann gibt es einen guten Trick für die kalten, allzu dunklen Tage: Lasse zarte Schmetterlinge durch dein Kinderzimmer schweben. Du brauchst sie bloß anzuschauen und schon machen dich ihre bunten Farben wieder fröhlich.

## Ab 2 Jahren

**1.** Aus Bastelfilz schneidest du einen rechteckigen Streifen zu. Dieser wird später zu den Schmetterlingsflügeln. Um ihnen die typische Form zu geben, sollten die Enden leicht abgerundet werden. Dabei kannst du dir helfen lassen.

**2.** Jetzt benötigst du einen halbierten Pfeifenputzer. Die Mitte des Filzstreifens raffst du zusammen, sodass er an eine Schleife erinnert. Dann umwickelst du die Mitte mit einem Pfeifenputzer und verdrehst die beiden Enden. Sie bleiben oben als Fühler stehen.

## Ab 3,5 Jahren

**1.** Schneide verschiedenfarbiges Seidenpapier in drei unterschiedlich große Rechtecke.

**2.** Als Nächstes legst du die Seidenpapiere aufeinander und raffst sie in der Mitte vorsichtig zusammen.

**3.** Jetzt schneidest du ein Stück Silberdraht ab, biegst es einmal zusammen und verdrehst das geschlossene Ende. Die gerafften Seidenpapiere legst du zwischen die beiden Drähte und verdrehst diese oben ein weiteres Mal. Das Seidenpapier sollte vom Draht sicher festgehalten werden.

**4.** Kein Schmetterling ohne Fühler! Deswegen bringst du die oberen Drahtenden entsprechend in Form. Wenn du magst, kannst du zusätzlich Holzperlen auffädeln. Sie halten, wenn du die Drahtenden ein bisschen umbiegst.

## Ab 5 Jahren

**1.** Aus Textilfilz schneidest du einen Schmetterlingskörper. Am besten zeichnest du diesen auf dem Filz erst einmal mit Bleistift vor.

**2.** Dann faltest du den Kopf auf den Schwanz und machst in den Bauch mit der Schere einen Längsschnitt. In diesen Schlitz werden später die Flügel gesteckt.

**3.** Aus andersfarbigem Textilfilz schneidest du ein Flügelpaar zu, welches in der Mitte verbunden bleibt. Wenn du das Flügelpaar mittig zusammenlegst, sollte die Bruchkante genau in den Bauchschlitz passen.

**4.** Zum Schluss steckst du die Flügel in den Bauchschlitz. Fühler und Filzpunkte vervollständigen deinen Schmetterling. Du kannst sie einfach aufkleben.

### Tipp

Hast du keinen Textilfilz zu Hause, kannst du den Schmetterling (ab 5 Jahren) auch aus Tonkarton basteln.
Auf Blumen fühlen sich Schmetterlinge besonders wohl. Fertige rasch eine prächtige Blüte an (siehe Seite 38) und setze den kleinen Falter darauf.